# Mon exutoire

Zoé Pleindoux

# Mon exutoire

*Recueil*

LE LYS BLEU
ÉDITIONS

ISBN : 979-10-422-1391-6

*À mon oncle, le photographe Gilles Delacuvellerie,*
*À ma conscience dissimulée sous un amas de solitude*

## AVAWM

*Âmes hypersensibles, préparez-vous à entrer dans ce journal intime appartenant à un petit cœur imbécile.*

Medusa

*Pourquoi ne pas chercher plutôt un bien qui profite, qui se sente, non un bien de parade ? Ces choses qui font spectacle, qui arrêtent la foule, que l'on se montre avec ébahissement, brillantes à l'extérieur, ne sont au fond que misères. Je veux un bonheur qui ne soit pas pour les yeux, je le veux substantiel, partout identique à lui-même, et que la partie la plus cachée en soit la plus belle ; voilà le trésor à exhumer. Il n'est pas loin ; on peut le trouver : il ne faut que savoir où porter la main. Mais nous passons à côté, comme dans les ténèbres, nous heurtant même contre l'objet désiré.*

*De la vie heureuse*, Sénèque

# Avant-propos

Ce recueil rentre dans le cadre d'un partage, une diffusion d'expériences pour un public jeune ou plus âgé, afin d'émettre des conseils sous forme de poèmes en prose ou plus élaborés en vers d'une poète essayiste en quête d'assurance. J'y étudie mon talent et l'impact de mes mots sur le papier, seul moyen d'expression, car je dis souvent : *Je suis bon public, mais mauvaise oratrice !* Autrement dit, je n'ai jamais eu ce don d'éclairer les gens en discutant à l'oral et le seul moyen que j'ai trouvé pour me faire comprendre était l'écriture. L'idée même de ce recueil est de vous montrer tous les passages de ma vie, depuis la puberté à aujourd'hui, c'est la recherche d'un vocabulaire complexe, ce sont ces pensées multiples et en pagailles qui se bousculaient dans ma tête lors de l'adolescence et encore à ce jour, c'est l'inspiration cruelle et désordonnée que je diffuse obligatoirement sur le papier afin de me vider l'esprit. L'écriture de ce recueil a été le fruit d'un travail acharné sur moi, sur ma capacité à me faire entendre au-delà de ma timidité maladive, de mes angoisses permanentes et de ma quête du bonheur.

En effet, à travers ces cinq actes, je retrace l'entièreté de mes caps, de mes envies à mes désirs les plus sombres, de mes réussites à mes échecs, de mes songes endormis à mes rêves. Depuis l'enfance, je développe une hypersensibilité à rude épreuve qui provoque en moi des supplices et traumatismes à répétitions qui m'ont et me font toujours reculer, chuter et me blessent et lorsqu'il était parfois difficile pour mes proches de me « réparer », ils avaient beau tenter mille expériences comme m'emmener voir des psychiatres ou me demander de faire des activités sportives ou des colonies de vacances avec des jeunes de mon âge, rien n'y faisait et c'est alors que l'idée d'écrire des lettres m'est venue. J'ai commencé par écrire à mes parents pour leur raconter mes souffrances, puis à mes grands frères qui avaient beaucoup de mal à me cerner, pour enfin comprendre ce qui me manquait réellement : un journal intime, une sorte de carnet de bord où je pourrais me défouler de tous ces silences douloureux auxquels je faisais face tous les jours. J'ai fini par m'écrire à moi-même, des lettres sans destinataire, mon exutoire…

Ce recueil se veut être une contribution devant permettre de mettre en relief les différents obstacles, mais aussi les opportunités de ce marché cruel des émotions. Il s'engage à aider, à son échelle, les plus démunis, les persécuteurs et les persécutés, les fous et les sages, du plus jeune aux ridés d'histoires du passé…

Ce recueil, comme vous avez sûrement pu le comprendre, englobe des années de travail, des années de supplices, une vie de galère. J'ai beaucoup trop souffert et je me demande encore très souvent pourquoi j'existe, pourquoi je suis née, pour quelles raisons on m'a créée. Je ne suis clairement pas parfaite, je suis sujette à la dépression, aux tourments de la raison, maladroite et constamment mélancolique. J'ai de ce *spleen* qu'exprime Baudelaire, cette ambition que traverse De Vinci et cette déclaration d'amour que nous donne Lucas Clavel dans ses textes. Je les remercie de m'avoir aiguillée sur ce chemin tumultueux d'être Moi, une artiste parfaitement imparfaite, en adéquation avec un corps divisé, un cœur imbécile et une âme fracassée. *Je suis gémeau, deux moitiés de moi-même : une qui vit, une qui survit.*

*C'est l'histoire d'amour dramatique de la vie avec la mort…*

# Partie I
# Atmosphères

## 31200 Toulouse

Toulouse sous l'eau
Son agréable
Un petit ruisseau
Exaltant
Une fraîcheur d'été
Odeur particulière
Sol poussiéreux
Poteaux fiévreux
Lueur lumineuse du soleil
Caché derrière les nuages
Et un grondement
Lumière incandescente
Blancheur maximale
Dans le ciel.

## Lundi 28 février 2022
## À midi trente-huit

Les beaux jours arrivent,
On se hâte tous devant nos miroirs,
S'enveloppant de couleurs vives
Pour notre *Printemps* favori.

Le *bleu* qui ravive,
Le *jaune* qui vitalise,
Le *vert* inspirant
Le *rose* aimant.

Passant du gris au clair,
Attendant sans patience
Le soleil merveilleux,
Les prés verdoyants
Et les fleurs par milliers.

On enfile à l'hymne du muguet,
Chaussant à l'hymne du carnaval d'été,
Les bouquets de fleurs pour *Maman*
Et le saumon pour le *Padré.*

Voici un passage écrit,
Pour les jours présents
Pour les lointains brumeux
Comme une lumière traversant
L'obscurité devant nos yeux.

## Pavés du Sud
## Collioure 2022

Aux abords d’un monde éveillé,
Je parcours
Sous les effluves gelés
De l’eau salée,
Mes bras tremblants
Aux sons des clapotis
De la mer Méditerranée,
Mes yeux émerveillés
Par tant de merveilles dévoilées.

## La Rochelle

Manège étincelant,
Sur des chevaux de bois,
Emmène les enfants au pays des rêves
Durant un instant de liberté
Et dans leur tête, l'éternité.

Petite balade au gré du vent,
Marins et pêcheurs sur les côtés,
Élancé sur la longueur,
Des bars et goûteurs de spécialités,
Jusqu'à deux heures du matin,
Annoncent les festivités.

Et moi,
Insipide enfant de vingt-deux ans,
Observe ce petit monde
À fond dans les tensions des ondes,
Creuse mon cœur d'un tas de curiosités,
Goûte mon petit café mousseux,
Dans mon petit lieu secret.

Se retrouver en plein sud
Sud-ouest à la racine
Palpitations irrégulières
Face aux remous spongieux

Des vaguelettes.
Deux tours gardant les portes du port,
Architecture imposante en hauteur,
Petits drapeaux français au sommet,
Dômes de briquettes
Et soldats en civil dans les nuages.

Un phare au loin
Sang et neige sont ses couleurs.
Gardien de la mer
Aborde les naufragés
De sa lumière ardente.

Armature en tournante,
Perpétuel jeu de sensations,
Elle balance les petits humains,
Dans ses nacelles vitrées.
C'est un panorama à ne pas louper.

## Le poids du Roy

Petite brasserie
Toute mimi,
Sur le quai de La Rochelle,
Fait bien sa belle.

Ouverte à l'été,
Montre sa douce gaieté,
Appâtant ses plus beaux clients
De son rouge vif et attrayant,
Du plus jeune au plus vieux,
Sourire des dieux,
Illumine son port
De ces douceurs d'or,

Miss Cappuccino,
Dans sa combinaison orange fluo,
Délicate attention du minot,
Lui sert toujours le même mélo :
— Bonjour, comment vas-tu ?
— Bien dans mon tutu,
J'avance vers vous pour la saison,
Pour goûter la plus douce raison.
Ce somptueux parfum de caféine,
Servi sur une coupelle aubergine,
Et avec ma cigarette allumée,

Je vous observe épatée.
Vous vous souvenez de moi,
Grande femme aux petits doigts,
Qui aime simplement les bonnes choses,
Que vous me serviez à peu de doses.
À payer, à bientôt !
Merci pour tout, à présent, au boulot !

## Inspiration du soir

Le silence en ville
Est impossible.
Ce n'est que brouhaha indécent, incessant, assourdissant.
Touristes

Une population étrange
Qui piétine sans peine
Dans les petites ruelles sacrifiées.

Tranchées de part en part,
Ce petit monde particulier
Migre vers l'appel
De leur organisme lésé.

*Soif, soif, j'ai soif !*

Buvons pour que nos corps spongieux
Qui jusqu'à présent ruissellent
Sous un combat de l'extrême,
Ce majestueux soleil.

En bord de mer,
Le vent est tombé
Laissant le plomb de la terre
S'affaler sur eux.

*Faim, faim, j'ai faim !*

Mangeons à nos désirs fructueux
De mélanger mille saveurs locales
En croquant des crachats en coquilles
En léchant le fond des noiraudes au curry.

Sur les pavés,
Le soleil brille
Et agrippe les étrangers
Qui détalent
Devant les prix alignés en quilles
Qui se valent toujours par deux.

## Le Rock'n Flip

Musique à fond,
Les vieux ruminent sur leur sort,
Les jeunes jouent leur vie,
D'une table de billard à un verre rempli,
Un homme chevauche le bar,
Une femme lui sourit.
Attelé à sa tâche de barman,
Il chancelle les louanges d'autrefois,
Auprès de l'homme qui l'a élevé,
Ici-bas,
L'alcool coulant à flots.
Rideaux fermés,
Table de billard éreintée,
Frappée sur tous les bords de boules colorées,
L'homme embrasse la femme,
Et la femme lui sourit.

# Partie II
# Hommages

ⅤⅡ *De la présence à l'absence…*

## La vierge

*Souris, voyons !*
*Ne vois-tu pas que les gens te regardent ?*
Non, je ne les vois pas,
Eux, oui, ils me voient,
Mais pas comme je l'espère.
*Souris, voyons !*
*N'entends-tu pas leur désarroi ?*
Non, je n'entends rien,
À part le jugement,
Palpé par leurs bouches insolentes qui ne se ferment jamais.
*Souris, voyons !*
*Ne sens-tu pas ce doux parfum d'amour autour de toi ?*
Non, je ne sens aucune odeur de ce style-là,
Par contre,
Oui, maman, je sens le parfum de ton cœur battre chaque jour pour ta fille qui se bat contre les injustices de ce monde.
Je ne vois pas les horreurs grâce au voile protecteur que tu as placé dans mes yeux comme l'océan ravageur qui surplombe mes pensées,
Je n'entends plus les malheurs des gens grâce au casque que tu as placé sous mes oreilles, pendantes comme les galets de la krick en bas de chez nous,
Je ne sens pas la puanteur des lamentations grâce à ta douce voix qui m'encourage chaque jour depuis le jour de mon arrivée.
Oui, maman, je te vois, je t'entends et je te sens.
Et je me sens comblée.

## Ma maman chérie

Que je t'aime à la folie !
Reste dans mon cœur
Pour ici ou pour ailleurs
Du moment que nous nous aimons
Peu importe le lieu nous y serons
Ensemble et à jamais
Pour maintenant et pour après.

## Le bain

Plonger dans cet abîme chaleureux et humide.
Comme une noyade intemporelle.
Comme un ventre bombé d'une mère épanouie.
Je m'émerveille là, sous l'eau qui m'inspire profondément.
Une métaphore de la grossesse.
Un simple bain bouillant qui m'endort lentement.
Je fonds délicatement.
Comme un bébé dans l'utérus grandissant.
Je plane sans gravité sous cette vague d'hormones.
Je me détends à l'odeur de ses roses mousseuses.
Je m'éveille sous son étreinte maternelle.

## Expérience

Bain ou gelée,
Je peux m'y prélasser,
Vivre le moment présent,
Dans un temps calmant.
Je remue à la
Pesanteur
De mes gestes.

## Innocence

Tu me connais,
Tu sais qui je suis,
Tu sais tout sur moi,
Tu sais que je suis fragile,
Et dangereuse à la fois,
Maladroite quand je te parle,
Aimante, joyeuse,
Quand tu me prends dans tes bras.
En fait, pour contrôler mes émotions,
Tu dois être près de moi,
À jamais !

## ID

Bateau sur l'eau, la rivière au bord de l'eau...

C'est pour demain. Il n'y a plus d'eau. Voilà, ne t'en fais pas, nous sommes là, maintenant, détends-toi, va, papa.

— *Encore, s'il te plaît, laisse-moi encore un instant dans tes bras. Tu es mon bébé, rien qu'une enfant...*

Laisse-toi aller, papa, doucement. Vogue. Va.

Bateau sur l'eau, la rivière au bord de l'eau...

Quatre petits doigts et un pouce, pour dire *Pouce, qu'est-ce que c'est ?*

Un joyau, un bijou dans une mousse, juste ton bébé, juste un bébé, un nouveau-né.

Ce tout petit nez suffira-t-il ?

Inspire, expire. Papa, respire.

Si tu ne donnes rien à la vie, elle reprend tout.

Laisse de côté tes petits ennuis de rien du tout.

Bateau sur l'eau, la rivière au bord de l'eau...

Quelques mois plus tard, un pas devant l'autre. Reste bien sur le trottoir, fais attention aux autres. Sois plutôt ci, sois plutôt ça, ton nouveau rôle de papa.

*— Et maintenant, je te reprends dans mes bras, pour moi, rien que pour moi. Toi et moi, juste un instant. Mes aveux dans tes yeux ne font plus le poids.*

Tu vis un temps en retard.

*— J'aime tant quand tu viens me voir.*

Et y retourner après, au travail, un au revoir.
Pas le temps de m'écrire une lettre, que tu poserais à mon chevet.

*— Tout ce que je n'ai pas pu être.*

Tu ne peux le regretter.

*— Laisse-moi être ton papa, une dernière fois. Je t'en prie.*

Tu en as déjà trop fait, tu m'as encerclée, et même étranglée.
Tu ne me donnes pas d'autre choix, de laisser tomber.

*— S'il te plaît, ma petite Zoé...*

Tu es tel un ouragan bien trop violent.
Tu m'étourdis, me rends aveugle. Tu n'as plus le contrôle, sur ta tornade.

*— Je ne suis que le cadet de tes soucis. Tu le sais.*

Et pourtant, tu m'ennuies, me fais pleurer.
Tu n'es attentif qu'à ma réussite.
Mais comprends-moi, j'ai aussi besoin de toi.

*— Je peux t'aider, je suis là.*

Je veux être heureuse, pas un trophée, sur ton étagère poussiéreuse.

## Les femmes

Aucune femme n'est laide. Toutes les femmes ont une chance inouïe en amour, à condition qu'elle reste « femme ».
Sorte d'hermaphrodite.
Toujours prête à s'imposer et à empoisonner les hommes avec leur charme.
La femme est une esquisse.
Elle déborde de grâce et d'extase. C'est la mesure de leur féminité.
Comme le disait Fontenelle : « Si l'innocence est un mystère, c'est le secret de la pudeur. »
Une femme doit ressembler à une femme. Un tableau de Monet ou de Picasso. Une femme doit se comporter comme une femme.

La beauté d'une femme se définit par la mode.
En haut,
Une face ronde comme la pleine lune.
Avec de grands yeux bleus,
Comme des œufs d'un requin.
Et de belles oreilles,
Fines et pâles qui ne prennent jamais froid.
Au-devant,
Deux beaux ballons de baudruches, qui rebondissent.
Au derrière,
Deux autres ballons en mousse.
Et à mi-chemin,
Des hanches comme des coussins.
Les joues décolorées, un peu naïves mais d'un air fatal.
Un poumon attaqué par le tabac.

Ce genre de femme irrésistible n'est pas aimée.
Une traînée n'est pas aimée.
Elle est désirée, atrocement, et dans une inondation de perversité.
La mode est souveraine et tyrannique. Et il faut s'y soumettre en tant que femme.
Malheureusement.
Nous ne sommes pas aimées, nous sommes désirées au point de nous faire envahir par une honte de malheur dans le soupir des hommes qui nous regardent dans les rues, sans pudeur.

## Bonjour mon corps

C'est à toi que je me m'adresse,
Pour te remercier
De m'avoir accompagnée
Si longtemps sur les chemins de ma vie.
Je ne t'ai pas assez accordé
L'intérêt, l'affection ou le respect que tu mérites.
Souvent,
Je t'ai même
Maltraité,
Insufflé de violents reproches,
Ignoré,
Rejeté avec des silences douteux.
Tu es le compagnon que j'ai le plus trahi.
Et aujourd'hui, à un certain battement de ma vic,
Sous une émotion ardente,
Je te redécouvre avec
Tes cicatrices secrètes,
Tes lassitudes,
Tes émerveillements
Tes possibilités.
Je me surprends à t'aimer,
Avec des désirs
De te câliner,
De te choyer.

J'ai envie
De t'offrir l'unicité,
D'esquisser des ipomées et des petits ruisseaux sur ta peau,
D'imprégner une douce mélodie dans ta chair,
D'introduire l'incandescence d'une lanterne dans tes marques.
Tout cela
Dans l'abondance et le plaisir.
Mon corps, je te suis loyal.
Dans l'acceptation profonde de ton amour.
J'ai découvert que tu m'aimes,
Toi, mon corps,
Que tu prends soin de moi,
Que tu respectes ma présence.
Combien de fracas as-tu affronté
Pour me laisser naître,
Pour me laisser être,
Pour me laisser grandir avec toi.
Combien de fractures as-tu endurées pour me garder sur Terre.
Mon corps,
Maintenant que je t'ai rencontré, je ne t'abandonnerai plus.
Nous irons jusqu'au bout de notre existence
Ensemble.
Et quoi qu'il arrive,
Nous accepterons notre sort
Ensemble.

## Essence

Écrire,
C’est un moyen de prouver
Que je suis là
Et que d’une manière,
J’ai ma place ici-bas.

Écrire,
Pour exister.
Non seulement pour moi
Mais aussi
Pour le reste du monde.

Écrire,
C’est mon seul destin d’expression,
Qui me permet
De me faire comprendre
Quand personne ne m’entend.

Écrire,
C’est le discours oral
Mais en silence.
Indirectement bruyant
Il inspire la clarté
D’une voix trop timide.

Écrire,
C'est le pouvoir d'une symbolique
Qui subsiste depuis des millénaires.
C'est le pardon
Face à l'incompréhension
Du langage.

Écrire,
C'est l'esquive d'un malentendu
Par l'accomplissement d'un acte héroïque,
Celui de laisser une trace des erreurs commises
Pour un futur commun.
C'est un traité de paix,
Annoté à l'encre noire sur du papier vierge.

Écrire,
Voilà ma vocation,
Depuis le départ
Et jusqu'à la fin.

## Gilles

Tu continueras à vivre en moi,
À travers mes désirs photogéniques
Et mes pensées lumineuses,
Comme tu l'as fait toutes ces années
Aux sons des cliquetis de ton appareil photo.

*Mes yeux pleurent mais mon cœur esquisse un sourire.*

Je t'embrasse de la Terre
Et ressens ton bonheur tout léger
En observant les étoiles
Au-dessus de notre ville adorée.

## Crépuscule

Le crépuscule, comme le disait Verlaine, un teint brumeux et le coucher de soleil, seul, face au lendemain.

Je ne le dirai pas souvent, mais à chaque fois que je rentre chez moi le soir, cela me fait tant penser à notre promenade sentimentale.

Toi et moi, seuls face à la porte de notre lendemain.

Seulement, notre demain n'arriva plus ce jour-là.

Partis sans dire au revoir.

Si jamais vous croisez un ami, seul comme le coucher de soleil, qui ne pense qu'à sourire alors qu'il veut pleurer, tendez-lui votre main pour qu'il puisse se retenir de tomber.

Lui et moi… Face au crépuscule.

Il aimait bien quand la nuit tombait sur le goudron de l'école à la maison.

Il aimait bien, la nuit avant le noir absolu.

Il aimait cette solitude partagée, cette emprise du soir au lendemain, entre le sommeil et le réveil, entre le rêve et le réel, entre la nuit et le jour.

Et moi, je n'étais qu'un pantin, qui s'émerveillait de bouger, de respirer et d'aimer.

Je n'ai pas vu sa main désespérée qui tentait coûte que coûte de s'emparer de son pilier, ma main.

Pourquoi n'ai-je pas vu qu'il n'allait pas bien ?

Pourquoi lui, cet homme-enfant qui rêvait d'un lendemain joyeux ?

Il était le soir, mais plus le matin.

Comme s'il n'avait jamais existé, il n'y avait plus que moi sur le chemin, plus que mes doigts qui ouvraient la porte et plus que moi, sous le crépuscule.

Plus de promenade sentimentale, plus de coucher de soleil, rien, à part le crépuscule de Verlaine.

*Tu étais là hier, mais tu n'es plus aujourd'hui ni demain. Et pourtant, je te vois marcher devant moi, quand je rentre chez moi, à rire et à sourire, comme un enfant qui voulait tout offrir, à part ce qu'il avait de plus cher, son Crépuscule idylle.*

## Protection divine

T'avais raison,
Le premier n'est pas le bon,
Finalement, t'as toujours eu raison,
Même en devenant le roi des démons.
Je crois avoir rencontré ton patron,
Et lui aussi, Lucifer, est un homme bon.
Ne serait-ce pas celui,
Dont dans ta lettre, son visage luit,
Au-delà de tes mots, un câlin,
Et comme le goût d'un arlequin,
Comme le feu ardent,
Il en devient sûrement, cet homme vaillant.

## Déguster

Tu penses à moi parfois ?

J'aimerais tellement que tu te souviennes de nous,
Que tu imagines ce que nous aurions pu être,
Notre futur si nous n'étions pas séparés…

J'aimerais que tu ne m'oublies pas,
Moi qui ai été ta première fois,
Et toutes les autres fois où nous nous sommes liés
Toi et moi,
Dans ces draps qui étaient si doux
Quand tu étais là
Et si froids
Quand tu ne l'étais plus.

J'aimerais te revoir,
Agrippé à notre amour
Qui pendant un temps fut éternel.
Il semble si loin à présent.

J'aimerais te serrer dans mes bras,
Car aussi loin que je m'en souvienne,
Tu étais mon armure
Contre tout le mal du dehors.
Sous ton étreinte masculine,
Je pouvais respirer sans inspirer
Toutes les douleurs alentour.

J'aimerais que tu te souviennes de nous,
De moi.

Tu te souviens de moi ?

## La mort

Ton absence m'a rendue livide,
Comme si tu m'avais vidée
De toute ma gaieté.
Je suis devenue une coquille vide
Qui ne pense qu'à s'échapper.
Par la noirceur,
Je crains d'avoir peur.
Peur de la vie
Maintenant
Que tu n'en fais plus partie.
Prends-moi avec toi…
S'il te plaît,
Je t'en supplie !
Reviens pour moi,
Une dernière fois.
Prends ma main en détresse
Devant ce monde qui critique
Sans justificatif.
Emmène-moi loin
D'eux,
De lui,
D'elle,
De ceux
Qui ont ces sourires en coin.
Mais t'es plus là…

Tu n’es qu’un plat souvenir
De ma cruelle
Descente aux enfers…
Tout ce que j’entends ressentir
N’est qu’une brise légère,
Elle fait retentir
Le son du silence de cet air
Mélodieux
De notre souffrance mutuelle.

*Éloge du cœur*

## Masculin sentimental

Je crois que je suis malade.
Malade d’amour.
Même pas.
De sentiments bancals
Qui me méprisent
Intensément !
Je crois que je suis malade.
Malade du cœur.
Palpitant pour un barbu innocent,
Qui me soutient du regard
Un soir ou un autre,
Devant un tapis vert
Tenu par des trous farceurs.
Je crois que je suis malade.
Malade psychologiquement.
Vacillante comme une sourde,
Le surveillant lorsqu’il ouvre la bouche
Devant des femelles dansantes
Qui remuent devant lui
Comme une Hawaïenne
Accrochée à un tableau de bord.
Je suis malade,
Malade d’amour.
*Bordel !*
Je l’aime.

## Meadow

Je t'ai toujours vu dessiner
Et quand tu n'utilisais pas tes crayons,
Tu te plaignais du beau temps.
Agrippé à la pluie,
Quand la chaleur et le soleil
Surplombait ta peau,
Tu te cachais dans les murs
De la cathédrale où il faisait bon.

Tu as toujours accordé toute ton énergie,
À me rendre heureuse et à venir me voir.
Qu'il pleuve, qu'il vente,
Tu prenais toujours le temps.
Quand il faisait trop chaud,
On attendait le soir venu
Pour sortir de nos cachettes
Et aller baiser la fraîcheur.
Quand l'un de nous était fatigué,
Il ne nous était pas impossible
De nous endormir l'un à côté de l'autre,
Sans aucune sorte d'ambiguïté.
Parfois, on ne pouvait plus se voir en peinture
Mais toujours, nous pouvions nous entendre à nouveau.
Peu importe l'écart de culture,
T'écouter me raconter tous les actes de One Piece
était une partie de plaisir à mes oreilles.
Te voir jouir de ces moments me rappelle le bon vieux temps.

Aujourd'hui, nous avons vingt-deux ans,
Et ensemble, nous vaquons souvent à nous revoir,
Comme à nos quinze ans.
Si l'un de nous mourrait,
L'autre partira à son tour.
C'est ce que je me disais,
Avant de comprendre qui nous étions l'un pour l'autre
Des âmes sœurs incomprises,
Des amants de l'ombre, des confidents,
Un frère et une sœur, sans lien du sang.
Et pourtant si proches…
Comme des jumeaux qu'on aurait lâchés dans la nature, face au monde si cruel qu'est l'Humanité.

## Muse

Ce sourire sincère
Qui se déploie
Gaiement
Au son de ta voix.

Ce regard intense
Qui charme le monde
De ces couleurs *océan*.

Et ton corps contemplatif
Comme le ciel orageux et orange
De la *ville rose* de France

Un temps chaleureux
Et dystopique
Qui pénètre nos veines
En ébullition

Un incendie lointain
Qui ne présage rien de bon
Mais qu'on s'empresse d'écouter
À nos fenêtres entrouvertes

## Intensité pure

Aux couleurs de l'iris à la Lune,
Arborescence de lumière,
Incandescence sur la dune,
Excellence dans l'art de la manière.

# Remake

J'étais une simple pomme dans un arbre.
Puis, on m'a croqué…
C'est parti en couille !
J'avoue.
J'aurais peut-être dû user d'un maléfice,
Genre pomme empoisonnée,
Comme dans Blanche Neige.
Seulement,
Cet homme m'a ensorcelée
Et je n'ai pas pu résister.
Me croquer a été un privilège en fin de compte.

# *Pensées achevées*

**Lix**

Un barbu rencontré lors des douze coups de minuit,
Un déjanté qui au premier coup d'œil m'effraie.
Un abusé du monde, un artiste incompris.
Un enfant dans la lune, une perle déchue.
Un adolescent un peu trop adulte dont rien ne le perturbe,
Un insecte à pinces et au dard tordu,
Un cœur mal foutu ressemblant à un türbe,
Complexe d'abandon, de mort.
*Esprit isolé…*

Tous les soirs, il rumine,
Un pistolet sur la tempe.
Il espère un coup du sort,
Une balle perdue.
*Pour son esprit tordu…*

Vaincre la vie
Qui ne lui a rien rendu,
Après l'absence d'une femme
Qui l'a mis au monde
Pour le laisser seul
À chaque seconde
De son existence en pleurs.
Il se dissimule des ondes
Portés à son cœur.
Des émotions cachées,
Des sentiments volés.
Une femme féconde
*Disparue à jamais.*

Il aimerait se poser,
Rencontrer l'amour.
*Une étoile sur Terre,*
*Qui lui rappellerait sa mère.*
Mais jamais il ne s'attache.
*Éviter de faire souffrir…*
Une excuse à la con
Pour ne pas se blesser lui-même.

Il se sent lâche,
Lâché comme une brebis
Dans la fosse aux lions,
Car aucune *STAR*
N'excelle comme la tendresse
De celle qui lui a baisé le front,
Tous les soirs,
Avant d'aller voir Morphée.
Depuis, il reste là, lassé des autres,
Il s'abandonne à une discussion formelle,
Incomplète, avec lui-même.
Et il attend que *la bonne fée* vienne l'embrasser.

Coupe au carré,
Teinture Blanche-Neige,
Je viens profiter
Tous les samedis soir
D'un concert Rock n'Roll,
Sans accepter de l'Aperol,
En compagnie du grand bonhomme,
Qui n'hésite pas à me tenir la main
Et me faire sourire parmi tous ces vauriens.

**Marie**

Bon joueur de poker,
Je gagne à tous les coups,
Sur une table à huit,
Il n'en reste plus qu'un.

Parfois, je m'entraîne au billard,
Avec tous ces lascars,
Me prends quelques branlées
Mais seulement un peu trop bourré.

**Yuri**

J'aime le Rock n'Roll !
Je suis un grand farceur,
Je suis aussi un grand romantique.
J'ai eu le cœur brisé et l'âme endeuillée,
Pendant tellement d'années.
*Un p'tit sky coca avec mon acolyte...*

**Freddo**

Amateur de trottinettes électriques,
J'avance en bonne compagnie,
Petite minette au poignet,
Celle à qui je plais,

Non seulement pour ma sympathie,
Mais surtout pour ma tendresse non synthétique.
Gamin de dix-sept ans,
Qui prends bien trop souvent son temps,
S'embarque dans quelques galères
Toujours avec mon père.

Parfois, je me sens tout petit
Face aux risques du métier.
Les mains dans la farine et le beurre fondu,
Je donne au chef ce qu'il doit lui être rendu.
Un baba au rhum un peu grassouillet
Ou un éclair au café un peu trop égoutté.
N'oubliez pas que je ne suis qu'un bébé
Dans le grand monde farceur de la pâtisserie.

**Le pâtissier**

Grand maître de la mixologie,
Novice de la compréhension,
Calculateur des probabilités,
J'en colle une à tous ces baisers
Qui oseraient me défier au poker.
Ils baissent la tête, la queue entre les pattes
Comme un petit cocker
En manque d'affection,
Et je fais mine d'être fier en montrant toutes mes intentions.

**Usurpateur**

## Question rhétorique

*Ces globes aux pointes de rubis qu'il est si délicieux de palper et de caresser.*

John Cleland

Ainsi quand un homme tomba nez à nez
À ces petits fripons rondelets,
Ces jumeaux qui posaient des questions,
Il se précipita de grimper au balcon,
Vérifiant bien qu'il ne s'agissait point de boîtes à lait.
Quand l'ensemble de l'œuvre fut semblable à ce que racontait la folle du village,
L'homme en quête du septième ciel,
Finit par approcher la fille en roi d'Égypte.

## Déclaration

Méfiance aux petites putes qui se croient reines de ce monde,
Je vous écoute déblatérer votre vie comme vous sucez celle des autres,
À croire que votre ambition dépasse votre passion et que vous travaillez vos langues
En les entremêlant de surprises empoisonnées.
Je vous surveille de loin, sans crier gare
Mais un jour, sans avoir l'instinct de vous débattre,
Je vous frapperai en plein cœur.

## Poufs de passage

Les poufs,
Ça va deux secondes.
Au bout d’un moment,
Ça fait bien mal au cul.

## Racontar

Petits bavardages malveillants,
Commentaire sans indiscrétion.
Tu me balades en fausse accusation
Avec bien trop de dénigrement.

Mon cœur est abattu
En apprenant
De bouches d'inconnus
Sans le moindre discernement.

En pensant t'intégrer à eux,
Tu es devenu fallacieux.
Te croyais-tu preux
En m'accusant de tels mots injurieux ?

Quelle calomnie !
Faire preuve de tant d'hypocrisie.
Toi que j'imaginais respectueux,
Tu accuses la perfidie.
Quel gâchis !

Finalement, tu es un potinier,
Tu n'es rien d'autre que fausseté.

Adepte des cancans,
Tu propages des rumeurs
Sans aucun fondement,
Accusant les autres avec ardeur.

— Pourquoi fais-tu cela ?
*Ça me fait plaisir de constater le pouvoir que j'ai là,*
*Quand mon entourage, voire le monde entier,*
*Adhère à la rumeur que j'ai lancée*
*Et j'adore cela !*

Un conseil :
**N'ouvre la bouche que si tu es sûr**
**Que ce que tu vas énoncer aux durs**
**Est plus beau que le silence.**
**Ainsi feras-tu preuve de vaillance.**

# Gigolo

Petite casquette rose,
Malin farceur de l'ombre,
Entourloupe mesquine,
Ode
À la pureté.
Ironie de l'homme
À cinq pieds.

Ce langage décolleté,
Oser se lâcher,
Crier sur les sauterelles
Qui aimerait fort bien baiser.
Ce style un peu léger,
En bras de chemise,
Petit homme dévergondé,
Embrasses-tu donc à ta guise ?

*Quel choc verbal !*

## Racoleur

*Homme heureux,*
*Bien entretenu !*
Disent-ils.

En échange de quelques faveurs,
Tu reçois une belle bourse en rigueur.
*Il nous fait une Louis XV !*
Chuchotent-ils.

Décidé à rapporter un bel agneau,
Tu finis par manger en hachis
Les restes du gigot.
Ni une ni deux,
Tu sautes sur l'occasion.
Un pied ou deux,
Peu importe tant que tu y vois l'horizon.

Deux belles prunes au derrière,
Deux mensonges cotonneux à l'avant,
Appâté par tant d'artifices flinguant,
Tu laisses pendre une langue pas chère.

Que disent-ils maintenant ?

*Il prend tout ce qui tombe de l'étagère*
*Alors qu'il y en a une juste là qui l'attend,*
*Accoudée au bar de derrière,*
*Elle présente tout d'une belle prétendante.*
*Mais va-t-il la mettre elle aussi en capilotade ?*

## Putain noyée

Cette douce guenon,
Qui cachait bien son jeu
Pouvait lancer une guerre
Balançant ses zones gâchettes.
Jolie métaphore militaire,
Elle relance le bonheur
Quand il les fait mourir comme des melons.
*Quelle mitrailleuse à orgasmes !*

# Partie III
# Tourments

W *Je perce ton cœur*
*De mon regard.*
*Déchirure interne…*

## Absence

*Si tu tentes de briser mon couple, je te détruirais !*

Mais qu'est-ce que tu veux en fait ?
Tu dis ça toi ?
Tu veux vraiment jouer sur ce terrain ardu là ?
Ce sont tes messages, je te rappelle !
Et c'est aussi ta nana !

En attendant,
Où étais-tu quand elle pleurait seule dans son coin
Parce que tu ne lui accordais aucune foutre attention,
Où étais-tu quand elle se demandait
S'il ne t'était pas arrivé quelque chose la nuit
Parce qu'à son réveil, tu n'étais pas là,
Où étais-tu quand elle s'arrachait les yeux d'inquiétude
Parce que tu traînais toujours dans un bar,

Bah voilà !
Que faisais-tu pour apaiser ses angoisses,
Que faisais-tu pour expliquer tes absences ?
Tu n'es plus là pour elle !
Tu ne fais plus rien pour elle !

Elle travaille pour subvenir à vos besoins communs,
Elle se détruit les mains aux tâches ingrates
Pour que TU n'aies rien à faire en rentrant…
Et toi, dans tout cela,
Que fais-tu réellement pour elle ?
*Hein ?*
*Rien !*

Alors ne me prends pas de haut
Alors que j'essaie simplement de la rassurer
Quand tu n'es pas là pour le faire.

Je l'ai soutenu tous les soirs
Lorsque toi, tu ne faisais que te bourrer la gueule avec ton pote le chat de gouttière,
J'étais là hier soir quand elle lisait tes mots si durs qu'elle devait se retenir de pleurer au travail,
J'étais là quand après son service, elle s'accroupissait au bord de l'eau en se retenant de hurler de tout son cœur.

Si de ton côté, tu étais correct avec elle, je pense sincèrement que « ton couple » irait beaucoup mieux !

Merde !
Je ne suis en rien une briseuse de couple !
Ressaisis-toi bordel de merde !
C'est ta copine !
Je suis son amie !
Elle n'est pas un rat que tu as le droit de balayer de tes nuits
Quand ça te botte !
Qu'est-ce que tu voulais que je fasse ?
Pas de ma faute si tu agis comme un con avec elle !
Si tu veux vraiment que ça marche avec elle,
Fais les choses bien à partir de maintenant !

Par contre, prends garde à toi !
Si jamais elle revient encore une fois dans mes bras,
C'est moi qui n'hésiterais pas à te détruire !
Fais gaffe à ce que tu me dis !
Je ne suis pas ta pute !

## Doutes

*On n'a plus rien à faire ensemble*
*S'il ne me croit pas,*
*Je ne vais pas lui dire quinze fois*
*Que c'était le bas du dos.*
*Ah, ça, c'est bien beau !*
*S'il voyait*
*Comment on se tacle entre collègues*
*Il deviendrait fou,*
*Parce que des mains dans le bas du dos,*
*Ça, je m'en prends à tous les coups...*

Elle l'aime de tout son cœur,
Cet homme calculateur,
Parfois un peu manipulateur.
Il s'en sert de marionnette
Pour accéder à toutes les emplettes.

Mais elle l'aime de tout son cœur,
Malgré les disputes et la rancœur.
Elle ferait tout pour lui,
Même supprimer un petit être qui luit,
Pour laquelle elle se sentait femme.
Il lui montre sans aucun tact,
Qu'elle n'aura qu'un beau discours
Pour atteindre tous les recours.

Mais elle l'aime de tout son cœur,
Et même s'il pourrait aller voir ailleurs,
Elle lui garde une place à l'intérieur
Comme si tous les mensonges du monde
N'étaient rien face à toutes ces ondes
Qu'il disperse dans sa chair
Et disparaît encore comme le tonnerre.

Et elle commence enfin à douter
De la confiance qui s'était installée.
Presque un an à ses côtés
Et plus aucun bisou, plus aucun *« bébé »*,
Juste une tape sur l'épaule, comme un pote aux aguets
Et le soir venu, pas d'homme dans ses draps,
Seulement un vide auquel elle ne pensait pas…

## Début de la fin

Discussion entre deux amies

*Je ne sais pas, je ne sais plus en fait. J'attends qu'il veuille bien ouvrir les yeux. Je ne veux pas rester comme ça. Il est sur le bord du lit, à croire que j'ai la peste. Il ne m'a pas touchée depuis jeudi, genre même pas un bisou. Bon, j'ai tenté quelque chose, mais il n'en a officiellement rien à carrer.*

*Je lui ai dit : « T'es redevenu le mec con que j'ai connu au camping... »*

*J'ai voulu le chopper pour lui parler.*

*Il m'a dit : « Laisse-moi partir, s'il te plaît, je suis en retard. »*

*Je me suis décalée et assise sur le lit en pleurant.*

*Il m'a juste regardée et m'a dit : « À tout à l'heure ! »*

*Il ne répond même pas à mes messages...*

*****

Les Nations Unies définissent ***la violence*** à l'égard des femmes de la façon suivante : *tous les actes de violence dirigés contre le sexe féminin, et causant ou pouvant causer aux femmes un préjudice ou des violences physiques, sexuelles* (viol par pénétration ou non, actes physiques à l'encontre de la femme tels que l'étranglement ou des gifles parfois considérés comme des actes sexuels donnant du plaisir) *ou psychologiques, y compris la menace de tels actes* (menace de destruction, de mort…), *la contrainte ou la privation de liberté, que ce soit dans la vie publique ou privée* (stalking : le fait d'espionner jusqu'à suivre la personne sur les réseaux comme dans la vie en général pour accéder à une base de données éventuelle afin de connaître sa « proie » sur le bout des doigts et ainsi la rendre prévisible à toutes les situations).

Parmi les facteurs associés à la fois à la ***violence au sein d'un couple*** et à la ***violence sexuelle***, on retrouve notamment les éléments suivants :

– Usage nocif de substances illicites (alcool et/ou drogues) pouvant causer non seulement pour la victime des situations de violence ou d'actes non consentis sous les effets de ces substances (nausées, vertiges, absences, amnésie, inconscience) que pour l'auteur des faits (comportement violent et non contrôlé) ;

– Comportements masculins préjudiciables (dominance, influence, conformisme, instabilité) ;

– Avoir des partenaires multiples ou des attitudes qui cautionnent la violence notamment pour l'auteur des faits abusifs (tromperie dissimulée, mensonges répétitifs) ;

– Normes collectives qui privilégient l'homme, en lui assignent un statut supérieur à celui de la femme : si la femme dit non, l'homme, par son statut de dominant peut tout à fait nier l'ordre direct de la femme et agir en conséquence en punissant ou en faisant l'acte non consenti, ou si la victime est sous effet nocif pour sa santé, ignorer son état de santé vulnérable afin d'assouvir des désirs sexuels.

Le terme ***« consentement »*** implique un accord, un assentiment ou une permission. La notion repose donc sur l'idée de la volonté. De manière négative, il faut entendre l'absence de consentement comme le fait de refuser une proposition, voire de ne pas donner son accord, y compris par le biais d'un silence si la victime n'est pas en capacité physique de le dire de manière claire (restriction due à un objet couvrant la bouche et empêchant la parole ou sous les effets de l'alcool ou drogue…).

Pour la victime, ***le déni*** est le refus inconscient d'admettre une réalité insupportable. Ce mécanisme consiste, par exemple, à considérer une mauvaise nouvelle, situation ou personne comme si elle n'existait pas ou qu'elle n'était pas dangereuse afin de se protéger d'une vérité qu'elle pourrait considérer d'irréalisable ou violente.

Parfois, la victime est si vulnérable qu'elle présente sans le savoir directement, une ***amnésie dite « traumatique »***. Cela consiste en l'incapacité partielle ou totale de se souvenir d'éléments importants ayant eu lieu lors d'un événement traumatisant. On parle également d'***amnésie dissociative*** qui est souvent la conséquence de violences.

*****

## Trauma

Le sept mars 2023,
Tu me fais tes premières avances,
Te baladant autour de moi
Comme si j'étais ta petite proie
Qui attend son heure patiemment.

J'ai déjà quelques verres dans le gosier,
Du Jagger qui pétille dans l'estomac,
Toi aussi tu n'es plus qu'une grosse proie
Ravagée par les effets de l'alcool.

Pourtant, ni toi ni moi ne sachions nous distinguer.
Nous marchions droit vers la voiture aux vitres teintées.
Même le chauffeur n'y voit que du feu,
Nos gardiens de poker font mine de rien devant nos yeux
Et le patron du bar
Nous dit « Au revoir ! »

Ça y est, nous sommes en route,
Traversant au quart de tour,
À grande vitesse,
Pour rejoindre notre destination finale :
« Tournoi de poker », dis-tu
Et moi qui acquiesce… Quelle erreur !

Nous sommes arrivés !
Un restaurant pour la moindre efficacité.
Nous nous draguions
Sous la table
Pendant que tu jetais des jetons
Exécrable !

Je sens que c'est mauvais.
Je suis déjà bourrée.
Je calme mes ardeurs et soudain
Plus aucun souvenir…
Alors, que s'est-il réellement passé ?
Ai-je été de trop bon augure
Et avons-nous vraiment couché ?

Tout ce dont je me souviens
Qui hante mes nuits depuis cette nuit-là,
Eh un coup de reins,
Eh une gifle,
Un étranglement tellement puissant
Que lorsque tu as enfin lâché ma nuque,
Je toussais d'étouffement
Et mes dernières expirations
Me plonge dans ces cauchemars nocturnes qui me trahissent
Violemment.
Je n'étais qu'un outil de plaisir non consenti,
Une étape sur ta route,
A B C, du bar à chez moi, puis au petit matin, tu rejoins ta nana.

## Assumer

Ce qu'il s'est réellement passé cette nuit-là… ?
Soyons francs, je vous ai énoncé ma version des faits.
Mais soyons honnête, cela reste ma parole contre la sienne,
Alors même si justice ne sera pas faite,
J'aurai au moins essayé de tout vous expliquer.
Et ainsi, peut-être, comprendrez-vous,
Les ragots à son sujet,
Qui circulent à gogo
Comme si *j'étais la traînée d'un village*
*Qui ne voulait que briser un couple…*
Selon ses dires, évidemment.

## Empreinte

Tu as tenté de me crocheter
Avec ta clef de boucher
Et tu as réussi à la première tentative
Mais soyons francs toi et moi,
Avais-tu mon accord pour m'ouvrir
Comme tu l'as fait ?

Tu as ouvert la porte
Sans que je puisse me sauver
Car tous mes sens étaient aveuglés
Face au monstre que tu étais.

## Le cœur en coton imbibé par la mélancolie

— *Elles viennent d'où tes cicatrices ?*
— *Tu t'en fous.*

Ça ne va pas t'apporter un plus
De savoir d'où elles viennent.

*Tu t'en fous.*

C'est sûrement pour cela
Que tu te rends compte de leur existence
Seulement aujourd'hui,
Alors que nous nous sommes imprégnés l'un de l'autre
Plus d'une fois.

*Tu t'en fous.*

La sobriété n'arrangera jamais un homme dans le déni
Qui préfère la qualité d'un regard
Que lorsqu'il est imbibé d'alcool.

*Tu t'en fous.*

C'est le but de nous deux.
Un plan cul sans but
Qui se brise en deux,

Lorsque l'un de nous tombe amoureux.

*S'en foutre de l'autre...*

*— Elles te font mal ?*
*— Tous les jours, toutes les nuits, tout le temps.*

*— Et là, as-tu mal ?*
*— Tout le temps, toujours, et à jamais.*

~~*Mais là encore, tu t'en fous.*~~
~~*Et tu dois t'en foutre.*~~
Car « nous deux » ne sont que des mots et qu'aucune caresse
Ne pourront les faire disparaître,
Même venant de toi.
Nous ne sommes plus,
Nous ne le serons jamais à nouveau ;

Sauf si tu acceptes de me voir pleurer, hurler et mourir à tes pieds,
À cause d'un passé criminel qui m'a terrifiée.

Ce n'est pas la cicatrice en elle-même qui est douloureuse,
C'est pourquoi elles sont présentes.
Et le pire dans tout ça,
C'est quand elles brûlent
Mais qu'aucune pommade au monde
Ne peut les soulager,
Car les plus délicates sont aussi
Celles qui ne se voient pas à l'œil nu.
*— Et là, as-tu mal ?*

## Abîmes

Le vide
Cet esprit libre
Sans loi
Dénué de logique
Le vide
Envahit ton âme
Sans vergogne
Et perce ton regard
D'une nuée de frelons
Le vide
Aplatit ton cœur
Coupe ton souffle
Et ne te laisse aucun répit
Le vide
C'est celui qui te dit :
Souris ma chérie
Au monde
Même si tu n'en crois pas un mot,
Et que le monde en face de toi,
Se plaint de ton absence
Comme si même ton corps
Avait disparu…
Et qu'il ne restait plus
Qu'une coquille vide
Et un regard sans le moindre sens.

⩓ *Continue de me chasser*
*Racontar de la nuit*

## Simplicité

*Vignette de la nuit*
*Où l'insomnie me guette,*
*Cruelle incandescence des sentiments*
*Dans ma solitude,*
*Je plonge sans pression*
*Dans les bras délicats*
*De Morphée.*

Quand tout est noir
Autour de moi,
J'imagine un grand piano à queue
Jouer sa plus belle mélodie.

Cela étant fait,
Tu verras que tout est bien plus **nuancé**,
Le monde reprend des couleurs
En quelques phonèmes délicats.

## Cauchemar

J'ai passé ma nuit à pleurer.
J'ai des poches de haine sous les yeux…
L'orage dans l'âme, cœur tournoyé.
Je veux un corps à cajoler
Pour me sentir en sécurité.
Un câlin une nuit ou deux
Pour qu'il soit plus heureux,
Ce petit morceau de calcaire
En formation palpitations.
Mais je me tais, je ferme ma gueule de singe
Car grâce à ça, personne ne sait,
À quel point je suis vulnérable
Faible et aux aguets.
Qu'un grand malheur s'abatte sur ma chair
S'écoule dans mes veines
Comme un poison des cieux,
Une pluie de feu…
Qu'il m'emporte au loin
Aux abords d'une ville sans teint
Et d'une mer sans fin…

## Pensées obscures

Mon visage trace les lignes du passé. Regarder derrière moi, une dernière fois. Tout s'effondre autour de moi.
J'essaie de lutter, contre mon gré, contre mes pensées.
Je tombe, je tombe déjà.
Fini.
Le noir. C'est tout noir autour de moi.
Rien. Rien n'a été aussi noir.
La mort. La mort n'est pas si différente de la vie qui m'a tuée.
Mes proches s'envolent. Loin de moi, loin.
Mon cœur bat. Tout seul. Il n'a besoin de personne.
Les larmes ont coulé comme la pluie de cette journée.
Je suis seule. Entourée de noir, et de nuances.
La faim me réveille. Je me lève. Ma chaise a les plis de ma jupe. Froissée.
Je mets des chaussures vite fait.
Je prends les clefs. Son strident. Je tourne la serrure. Loquet fermé.
Je descends les quatre-vingts marches. Quarante par étages. Deux étages. Pas d'ascenseur.
Je marche pendant cinq minutes. Et je vois la petite épicerie du quartier. Illuminée. Si jolie. Entourée d'un petit halo brumeux.
Il est environ huit heures du soir.
Je prends des nouilles à emporter. Elles sont à réchauffer. Elles sont épicées comme celles qui ont fait une vague il y a longtemps à la télévision.

Je n'aime pas les choses épicées, mais le goût m'envahit et j'oublie le malheur que m'a légué mon père.
Ce vaurien.
Le bonheur en soucoupe qu'il a donné à son fils, comme un cadeau le jour de Noël. « Je suis une adulte, j'ai mes responsabilités maintenant ».
Faux.
Éternel. Malheur, malheur.
J'écris. C'est mon seul travail. Écrire.
Mes épargnes laissent filer quelques billets, chaque mois, depuis deux ans, quatre mois, onze jours et huit heures.

## Maladie psychique

Je veux tout balancer.
Je n'aurais jamais dû exister.
Je suis une tortue sur le dos…
J'ai le cœur brisé comme de la poudre de verre,
Impossible à réparer.
Je suis un monstre sur Terre,
Une légende inconsidérée.
J'ai peur de mon propre père,
Juste parce qu'il m'a abandonnée.
Je déteste ce que je suis devenue pour ma mère,
Juste parce qu'elle m'a aimée.
J'ai un rêve dystopique,
Une âme désolée,
Torturée…
Comment vivre,
Si je n'arrive plus à respirer ?

## Éparpillée

*Nous étudions, jusqu'à l'incompréhension...*
Je suis dans un état d'esprit que personne n'a jamais connu… Parce que l'homme est unique en son genre.
Je ne veux rien en souhaitant tout recevoir d'un seul homme,
Avec la souffrance d'un cœur essoufflé,
Inondée des souvenirs d'un passé agréable et douloureux à la fois,
Sans pouvoir ressentir et faire battre mon organe…
Il est là sans vraiment être là,
Il subit en silence,
Dans la présence musicale,
Dans l'appréhension d'une absence,
Je détale.
Pour que mon corps souffre,
D'un cri insoumis,
Je m'éclate sur un sol tout mou.
*Suite... Plus tard dans un temps incompris.*

## Obscure clarté

À la lueur obscure,
Écrasée par la pénombre,
Allongée et songeant,
À tous ces songes.
La fille d'autrefois,
Ses bras bouffis,
Ses jambes serrées ;
Le visage peint,
Par les erreurs du passé,
S'endort sans peine,
Dans les bras de Morphée.

*L'espérance de vie d'un papillon est telle que mon cœur lorsqu'il est blessé.*

## Insomniaque

Petit photoshoot d'insomnie,
M'exaltant devant un miroir,
Ressemblant à mon double infini
Qui crie devant son éternel devoir
De me perfectionner telle une goutte.

Au gré de la fraîcheur
Qui pénètre mon intérieur
Je hurle au sommeil de venir à moi
Frissonnant comme un être frêle et inférieur,
Et je m'endors sous cloche dans mes draps.

## Poumons mourants

Cette brise légère parfum buisson
Au clair de la lune,
Je m'exaspère paisiblement.
Matériel abrupt et profond
De cet outil consumable et sans rancune,
Je me languis d'un lendemain attendrissant.

Seule dans la nuit,
Un seul souvenir retentit.

Ce goût mentholé
Glisse dans ma gorge
Doucement.
La fumée expirée
Comme un morceau d'orgue
S'écoule dans le néant.

Je songe dans le noir hors de ces murs,
Ce que le cancer me murmure.

Je survis une journée de plus
Dans ce calme assourdissant
Qui prédit des symptômes ardus
Et endurcit une femme déçue
De son passé étourdissant
Qui ruisselle comme une musse.

Au creux de ma main,
Une flamme essoufflée.

Crie sur la paume
Un gaz toxique.

Brisée.

J'éteins ma cigarette.

## Essoufflée

Mon cœur s'écoule
Lentement.

La sensation de suffoquer,
Un manque d'air étourdissant.

La sensation de naviguer
Sur des eaux déchaînées
Comme si mon âme allait chavirer.

Je manque d'amour
Et d'un brin de folie.

Cette vie dont je n'ai plus
L'envie.

Mon cœur saigne
En silence.

⩓ *J'écoute dans l'ombre*
*Tes petits mensonges.*

# Innocence fracturée

Les fleurs séchées de *mon enfance* laissent place aux ronces déchaînées de *mon adolescence*. Lorsque ces dernières tombent au sol lors du nettoyage de Printemps, elles sont remplacées par ces roses sanglantes de *mon présent.*

## Didactique

Être seule.
Lire un livre.
*Banal.*
Boire un peu de thé.
Goût délicieux en bouche.
*Amer.*
Sentir les gouttes frôler mes jambes.
Il pleut.
Écouter les tôles au-dessus de ma tête.
Son nostalgique.
*Rien.*
Moi et la pluie.
Ma fenêtre brûle.
Radiateur derrière moi.
Impossible de s'imaginer le futur.
Juste cet instant.
*Éternel.*
S'arrêter de lire.
Boire un peu de thé.
*Tiède.*
Poser la tasse sur la console.
Fermer la fenêtre.
*Aucun bruit.*
Juste moi et ma chambre.
Poser le livre à côté de la tasse.

Changer de vêtements.
Sortir les mouchoirs.
Une cigarette.
Un cendrier.
Et la machine.
*Écrire, écrire, écrire.*
Arrêter le temps.
Premier chapitre.
Trois heures passées.
Six cigarettes au fond du cendrier.
La fatigue m'a emportée.
La bougie a fondu.
Le sommeil est là, mes paupières sont closes.
Le noir m'entoure à présent.

## L'étrangeté

*WEIRDO ! She Said !*

Je suis juste un peu étrange,

Je ne suis pas ce genre de femme,

Plongée dans son travail comme elle serait concentrée devant un film en compagnie d'un homme.

Regardée, relookée par ses « amies » qui jalousent sans cesse des formes abondantes qu'elles n'auront jamais.

Admirée sans vergogne par un seul homme,

Songé dans les bras de Morphée, un rêve érotique et sensuel…

Je suis telle que je suis, sans artifices, j'avance comme le temps m'en donne l'occasion, je tombe et me relève, pleure dans mon coin, rit fort avec mes amis, gronde le monde quand je fais des erreurs, me fais pardonner de quelques péchés, discute de tout et de rien, avance malgré les tempêtes, je suis nostalgique, abandonnée, retrouvée, perdue, je suis sensorielle, je suis amoureuse, je suis seule, je suis solitaire, solidaire, égoïste, malhonnête, humble…

Je suis étrange, mais sans être bizarre, je suis étrange sans être rejetée, je suis étrange et je suis fière de qui je suis aujourd'hui, fière des progrès face au passé, envieuse de mes ambitions, angoissée de mes pensées…

Je suis, je suis, je ne sais pas encore qui je suis, je ne le saurai peut-être jamais, mais je sais, que je serai toujours fiable à moi-même.

# Ronde

Je suis petite,
Un mètre soixante-cinq.
Un poids si gracieux et encombrant,
Quatre-vingt-quinze kilogrammes.
Un bonnet E qui pèse lourd quand je cours.
Un dos courbé.
Des yeux bleus et une bouche bien pulpeuse.
Je suis ronde,
Pas trop dans les proportions que
La femme qu'un homme parfait aimerait toucher.
Je n'aime pas mon corps,
Parce que je suis ronde.
La rondeur me définit.
J'ai un visage rond,
Garni de cicatrices du passé.
J'ai des bras ronds
À cause des poids que je porte.
J'ai des jambes rondes
Car je parcours des kilomètres de douleur.
J'ai des pieds ronds
Parce que les pointes de mon cœur
Restent comme des cornes.
J'ai des yeux ronds car à force de pleurer,
Des cernes se creusent.
Je suis ronde car je ne suis pas heureuse.
Je trace ma route avec un compas
Je vise la cible du bonheur
C'est mon dernier espoir.

## Sang-froid

Je suis un *fucking* serpent
Qui gravite sous LSD,
J'ai aucune frayeur à jouer
Viens donc lancer le premier dé.
When my body
Sans vie
Lâche le bleu de mon sang
Comme un crachat de l'océan,
J'ai la sensation sensationnelle
D'être la nouvelle Angèle sans aile.

Je chante pas mes mots
Je balance seulement mes maux
Comme je crie sur un toit
La douleur que j'ai sans toi,
À mes côtés, y'a ni feu ni loi,
Je bats des ailes comme une oie,
Petites dents pointues
Cachées sous un bec fourchu
Qui mitraille des clashs
Comme un soldat tire à la kalach.

## Pompéi dans l'crâne

J'ai l'imagination au bord de l'explosion,
Comme un volcan en éruption.
Il se situe au milieu de mon crâne,
Perdue dans les limbes de mon âme.
J'ai la crainte de ne plus avoir la direction,
J'ai dû renverser du café sur la croix rouge
Car la carte en question
N'est plus qu'un vieux chiffon
Tâché de lave en fusion.

# Partie IV
# Puissance

/𝗔\ *La tension*

## Béotienne

*N'imitez rien ni personne. Un lion qui copie un lion devient un singe.*

Victor Hugo

Tout le monde pense de moi
Que je suis très intelligente
Seulement parce que j'écris sur l'amour.

Pourtant, je ne suis qu'une novice.
La preuve en est dans ce recueil
Qui admet mes nombreuses erreurs
Dans l'élaboration de mes conquêtes multiples.

Je suis une bleue,
Je n'y connais rien.
Je n'admets pas n'avoir rien vécu
Mais je n'en connais pas assez.
Voyons, regardez !
Relisez-moi ces mots durs de baisers,
Ils n'en valent rien !

J'aime l'amour
Aussi grand et douloureux
Qu'il puisse être.
Mais je ne peux imaginer
Mon double espérer un meilleur
*Happy end.*

Je suis une béotienne,
Qui apprend sur le tas
Ce que l'on ne nous apprend pas à l'école.
J'apprends et je chute parfois
Mais je suis encore là.

Et heureusement que je ne me compare pas
À toutes ces femmes qui prennent un soi-disant plaisir
Dans ces écrans de marbre
Qui nous apprennent comment jouir.

## Christophe/Yuri

Ton regard est une berceuse,
Sur laquelle danser
Lorsque Morphée m'a embrassée,
Au berceau de la fameuse,
Tu déclina son offre.
Et dans un élan élastique,
Tu émanait un brin fantastique
Ressemblant au plus magique
Des bijoux dorés de ton coffre.
Je persévère dans cet abîme,
Que même tous les millésimes
Ne peuvent égaler,
Ni même blâmer.
Aucune facette
N'est parfaite,
Face à toi.
Aime-moi !
Princesse de la nuit,
Dont ton visage luit,
Dans l'obscurité des sentiments,
Tu m'enlaces enfin tendrement.

## Goût de chocolat

Chupa Chups
Dans la bouche,
Clope roulée
Et lumière tamisée,
Café bien chaud
Entre mes paumes.

Une nuit bien méritée
Pour mon cœur scellé,
Dans ma poitrine.

Mon âme en faillite
Critique mon corps
Soudainement affaibli
Devant autant d'or
Disposé à la vue
De mon regard ardu.

# Médusa

La déesse irritée
Et comme une vipère brisée,
Déchaîna sa colère jalousée
Sur la mortelle souillée.

Les beaux cheveux
De la Gorgone
En serpents vieux et hideux
Et ses yeux noisette,
La force désastreuse
De pétrifier tous ceux
Qui seraient tentés de la regarder dans l'âme.

Créature mythique
Création lourde de sens…
Pouvoir féminin et fantastique,
Délivrance.
Mal incarné
Jalousie et abdication.
Survivante d'une agression charnelle
Punition !
Pouvoir sur un vécu sans consentement.

Je règne à nouveau
Sur ce corps douloureux
Pleine incandescence
Nouvelle jouissance
Ce corps si beau…
Pourquoi l'a-t-il profané
De ses mains de faux dieu ?

Motif gravé à tout jamais dans ma peau,
Pas de retour en arrière,
Plus de barrière,
Plus jamais d'eau
Sous mes paupières.

Être méchant et cruel
Qui maudit à l'Éternel
De mon regard solennel
En statue de pierre.

Dépeinte !

Fondamentalement mauvaise
Ou
Victime d'êtres plus puissants qu'elle ?

Monstrueuse ?
Mes cheveux de serpents venimeux,
Yeux de vipères lumineux,
Des victimes figées sur place,
Conservées sous scellés
Pour toute l'éternité.

La crainte de s'en brûler la peau…

Les trois sœurs Gorgones
Méduse, Sthéno et Euryale,
Filles de Phorcys,
Dieu marin
Les trois sœurs demeuraient,
À l'extrémité du monde.

Méduse était mortelle
Tandis que ses sœurs
N'étaient sujettes
Ni à la vieillesse
Ni à la mort.

Poséidon,
Grand roi des océans,
En petit oiseau des champs,
Transporta la mortelle par pulsion
Dans un temple d'Athéna
Qu'il profana.

## Tatouage

Jour précieux,
Soleil radieux,
Contemplation
De cette aire nouvelle.

Prête à partir au combat,
Les nerfs à plat,
Cheveux mouillés et ongles à ras,
Je fatigue déjà…

Dessins et croquis partout,
Je goûte
À ces mets délicieux,
Pas encore à bout !

Fascinant
À quel point l'aiguille pique fort
La chair.

Serrer les poings,
Je mordille mes lèvres
Je souffre en silence.

Allez, on continue !
On en est encore loin de la fin,
Vas-y, serre les dents
Et préserve-toi !

Coup du sort,
Pas de rayons
Sinon
Tu pisseras le sang.

Ça y est,
Regarde ton corps
Sublimé.

Putain c'est trop beau !
Souffrances personnelles
Décalquées dans la peau.

## Idéalisation amoureuse

Je veux *un gars* parfaitement imparfait,
Qui ne tourne pas autour du pot,
Qui sait ce qu'il veut,
Qui se donne les moyens d'atteindre ses objectifs,
Tout en restant lui-même,
Droit dans ses bottes,
Honnête et respectueux
Envers lui et moi.

Je veux *un gars* fier,
Qui a envie de se pavaner à mes côtés
En public comme en privé,
Tout en restant délicat et pas trop présomptueux
Envers nous et eux.

Je veux *un gars* protecteur,
Qui sait nous tenir à l'écart des dangers
Au péril de sa vie,
Qui soigne mes blessures du cœur et du corps,
Tout en admettant ses erreurs
Lorsque ses poings du discours
Touchent mes pommettes
Et y font couler quelques larmes,
Tout en restant volontaire de faire partie de ma vie.

Je veux *un amant* beau,
À mes yeux comme à lui-même,
Sans qu'il soit obligé de compter sur les autres

Pour se sentir légitime d'être ce qu'il est ;
Qui sait me charmer et qu'il soit charmant,
Quand il est question de toujours veiller
À ce que la flamme de notre première fois garde sa vitalité.

Je veux *un homme* fidèle,
Qui peut me faire part de son regard sur le monde
Qui voudrait le séduire pour me séduire,
Qui sait quand se montrer charmeur avec les filles,
Qui sait me tenir tête lorsque je fais une faute grave
Ou du moins maladroite,
Qui me surprend de ses sentiments inavouables

En tenant quelque temps un discours romantique.

Finalement, je veux *un homme* attentionné,
Qui fait preuve d'éternelle sécurité,
Doux, sensible, prévenant ;
À l'écoute de mes désirs, de mes craintes
Prêt à tout pour me rendre heureuse ;

Décidément, je veux *un homme* vaillant
Qui montre sa force physique et psychique
Lorsqu'il en est temps.

Et en attendant, je *veux un homme* correct,
Qui sait s'arrêter au bon moment,
Qui sait me rendre fière de lui,
Qui sait aussi quand il peut tirer la gueule,
Être rancunier ou bien au contraire pardonner

Pour de bonnes raisons
Et qui sait surtout réfléchir
Avant d'entreprendre une action.

Pour nous évidemment.

*Ce gars, cet amant, cet homme,*

Existe-t-il réellement ?

*Électrique*

## Chimiquement compatible

Je t'esquisse avec mon regard
Pas de quoi en faire toute une histoire.

Ce mec qui au premier coup d'œil,
M'acclame avec orgueil
D'accepter son côté
Million dollar babe !

Expérience unique
Sentiment atypique
Enclin à me baiser convenablement
Je fais mine d'éclater d'entêtement.

Romantisme
Égoïsme
Chimiquement compatible
À notre charme tangible.

## Printemps – été

J'ai avalé ce noyau de cerise,
Et sans m'en rendre compte,
Tu as fait pousser un cerisier
En fleurs dont les branches
Grimpent le long de mon corps
Comme le sang dans tes veines.
Ces pétales roses tourbillonnent
Dans mon estomac,
Et toi mon amour,
Tu les réceptionne
En embrassant mes lèvres
Intensément.

Tes lèvres,
Les miennes,
Apocalypse !

## Confession

Un mec dit :
*Je te préviens, c'est hot !*
La femme lui répond :
Je suis assise,
Sur les fauteuils de l'église
En bois de chêne.
Et sans que tu le saches
Je suis la reine de tous les as !

## Fuis-moi, je te suis

Tu as tout fait pour m'éloigner de toi,
Alors que tout ce que je voulais faire, c'est t'embrasser.
J'ai tout fait pour t'éloigner de moi,
Alors que tout ce que je souhaitais faire, c'est te protéger.
Peu importe que je sois une femme
Ou une petite fille,
Peu importe la fable,
Tu resteras, Mon idylle.

## Savoureuse

*Carpe diem* selon Ronsard :
Métaphore de la ***femme-fleur***...
*Cueillez dès aujourd'hui les roses de la vie*

Je suis une femme
Périssable.
Je me languis les journées
Au soleil qui luit
Sur mon corps bien pâle
Ma chair rougit.

Alors quand vient la nuit,
Je m'étire vers la lune croissante
Et me hâte de jouir
De la vie
Avant que ne flétrissent mes charmes décroissants.

Je suis cette ***femme-fleur***
Dont parlait Ronsard.
Savoureuse jusqu'à ce que mes pétales tombent.

## Désirée

Désir d’une nuit ou d’une vie.
J’en rêve la nuit.
Elle est dans ma vie.
Une attirance sans tension.
*Tension…*
Entre deux femmes.
Désir d’une vie.
Car vivre sans elle deviendrait le démon de mes nuits.

## Sensuel

Ma peau élastique,
Frôle tes lèvres frauduleuses,
Sur mes courbes imparfaites.

Tu fais ainsi trembler l'engrais de ma chair,
Comme le tonnerre gronde dans les airs.

*Entre eux*

## L’organe charnel

Je ne suis pas une femme simple. Dans tous les sens du terme.

J’aime la compagnie, l’entourage, les fleurs, et je l’aime.

Je n’aime pas la routine, les pendaisons, les sacrifices et les ennuis.

Je suis une enfant de dix-neuf ans, presque adulte. « Je » tout le temps, puéril, passager, orgueil et préjugés.

J’aime l’amour, la gentillesse et la générosité, le pardon et la compréhension.

Je n’aime pas les mensonges, les regrets et le manque de lui, la tristesse et pleurer.

Je suis une fille compliquée. Un peu de délicatesse dans ma vie si pathétique, un peu de tendresse dans mon cœur tout fragile.

J’aime le thé et les macarons à la fraise, la glace à la pistache et les Twisters sucrées. L’amour avec un grand « A » et les mots doux le matin, le sentiment de joie à chacun de nos appels.

Je déteste cet instant avant de raccrocher, pas un « je t’aime », pas un « pardon », plutôt « je suis désolée ».

La dure réalité…

Je suis amoureuse, un peu trop parfois. Une émotion de légèreté et malgré tout, je ne suis pas tout le temps heureuse. La fatigue, le chagrin, la colère et la rédemption. La crainte d’un refus instantané de ma personnalité extravagante et lâche.

Une femme simple ?

Une expression sans fondement, un cri étouffé, une alliance qui tourne autour de l’index, mes respirations ambidextres et des paupières lourdes.

1 h 23 : Le soleil dort, façade Ouest. Électricité, circuit fermé. Cou tremblant, je t'écris un roman, un passage de ma sombre existence somnolente. Une larme incendiée, un coup de feu tiré. Porte scellée, peinture voilée. Pas de vent, aucun son à l'horizon, même les chats hantent les champs.

1 h 25 : Yeux endormis, je t'écris, je te supplie. Encore une fois, loin de tes bras, ton étreinte, ton odeur dans les draps. Ténacité oubliée. « FUMER TUE », une pensée surprenante de l'amante que tu aimes tant. Pourquoi arrêter ? Pourquoi tout jeter ? Trop de briquets, de babioles pleines de danger. Poumons essoufflés, rythme sanguinolent, sans parler des mains tremblantes, de mon pou sans atouts et imposé.

1 h 30 : Départ des papillons, sommeil profond, noirceur alentour, tu éblouis mon amour. T'en donner, dans mes rêves ? Pour quoi faire ? Tu es absent, étourdi, endetté de toute sorte de nervosité. Sud en chaleur, sueur sur le front, combinaison trop serrée. Tu es là, mon projet final, marchant sur chaque dalle de Notre-Dame, sauvant la charpente blessée et les rosaces ensorcelées. Tu me parles, sans arrêt, dans ma tête. Neurones puissants, agrippant mes gestes, mes entrailles agréables. Mon cœur palpite, le tien aussi.

— PAS UN GESTE ! VOUS ALLEZ LE PERDRE !

— Pardon, je ne suis pas simple. Le cœur pourrait l'être sans toutes ses promesses et concessions imparfaites. Je suis une femme compliquée, sans intérêt, je parcours des kilomètres de sensations, d'orgueil sensuel, d'amour éternel.

1 h 40 : Merde, je crois que je t'aime. Mon organe charnel, sans position incertaine, je tends mes bras alléchants, ton arme désarmée. Tu avances d'un pas et j'en recule de deux. Mais pas un jour, je ne pense à la visite abandonnée.

## Coït

Pour ouvrir mon livre,
Tu dois t'y atteler
Convenablement.

Pas besoin de beaux discours
Qui ne valent rien.
À place d'un bras trop court,
Tiens-moi donc par la main.

Si tu me trouves à ce point
Désirable,
Appuie sur ces zones non loin
Qui n'attendent que ton passage.

Je suis une sauterelle d'édredon.
Prêtresse des voluptés.
Au lieu de sentir l'avoine en infusion,
Je tortille de la crinoline à claquer.

*Voilà enfin que tu te jettes à mes pieds !*

Ton corps en bataille
Assume avec délicatesse les airs.
Prends garde tout de même
À bien sculpter l'atmosphère
Si tu ne veux pas que je retourne mon éventail.

## Frustration

Il m'arrive souvent
D'être chaude de la couche
Quand tu me fais délicatement
Ces yeux en coucher de soleil
Et de tes mains bien frêles
Tu me touches.

Tu fais étinceler mes trésors,
Décapsulant ma tendresse
Comme le premier coup du sort.

Attelé à cette tâche si précieuse,
Tu ensorcelles mon corps,
Mais jamais tu ne parviens aux cieux
De ce corps pourtant si spongieux.

Je te supplie alors,
Couchée et écartée
De tous les bords.

*Montre-moi la bête à deux dos !*
*Fais-moi jouir bordel !*

******

*Faire la bête à deux dos [...].*
*Ah la découverte,*
*Au fond d'une alcôve ou derrière une meule de paille,*
*De cet animal inconnu,*
*Sans face, agité, et qui couine !*
*...*
*Bonjour Freud !*

Claude Duneton, *Mots d'amour*, Seuil, 1993

******

## De deux heures à cinq heures et demie (du matin)

Pour une nuit entre nous, *J'ai*
Au creux de tes bras, *Ton*
Lit et émotions en éclats, *Cœur*
Par-dessous tous ces draps, *Aux*
Invincibles et délicats fluides, *Bords*
Transperçant les remous spongieux, *Des*
Accablés… par nos chairs épongées, *Lèvres*
Travaillant sans sursis ses muscles délicats…
Imbibée par une jouissance commune de nos
Ondes positives et parfaitement rythmées,
Nul être existant qui tenterait de nous séparer
Saurait s'y prendre sans se leurrer.

*Je fonds ~~à moitié~~ amoureuse de ton corps…*

Et quand elles crépitent
De ces battements tout doux – c'est d'un
Élixir charmeur et annonciateur
Nullement conseillé au moins de dix-huit ans.

# V *Et moi*

## Rêve

Si seulement je ne m'étais pas retenue ce jour-là…
J'ai été si bête.
Pleure pas. Pas à pas. Oublie. Pas. Cet homme, en face de toi. Si proche de toi. Son étreinte, son odeur.
Une fraîcheur inoubliable.
Sentiment nouveau. Passion ? Ardente.
Je ne l'aime pas. Je le sais. D'un pas lourd sur mon cœur.

— *Dis-moi ! C'était quoi ton rêve ?*
— *J'ai rêvé de toi. Érotique, sensuel, sexuel. Un rêve. Un souvenir possessif.*

Et aujourd'hui, une Épanorthose. Sentimentale. Je t'aime mais ce n'est pas de l'amour, tu es… Ma contradiction. Mon sentiment de légèreté.
Une opportunité. Pas d'amour, pas d'aveux. Un baiser. En secret.
Pas de sexe, un rêve ou deux.
Personne ne doit le savoir.
J'aurais aimé t'en dire plus.
Rien que le fait d'avoir été aussi proche de toi ce jeudi-là, ta chaleur, ta voix près de mon ouïe. Et moi, imbécile. Je me suis retenue.
Si jamais je suis plus proche un jour, je ne me retiendrai pas. Je te préviens. Je t'embrasserai. Pour un oui ou pour un non.

## Ambiance bleue

Dans la nuit,
Je pense à toi
Et je succombe
Face à ce qui semble
Être un paon qui danse.
C'est toi !

## Souvenir d'un été

Parchemin érotique,
Aventure interdite,
Distance longue instance,
Brillante inconvenance.
*Un effet mer qui ne dure qu'une nuit...*

## Coquine assumée
## Partie I
## Vingt ans d'absence

***MAD*** : *C'était vraiment sympa…*

***MON*** : *Vraiment… Content de voir que je ne suis pas aussi étrange que je le pensais. J'aimerais te revoir et le refaire…*

***MAD*** : *C'est sûr ! Contente d'avoir senti ses papouilles du bout de tes doigts sur mon corps Aphrodite qui pour une fois plaît comme il se doit.*

***MON*** : *Oui ma belle, merde, j'ai tellement profité de tes caresses que je n'ai pas tant donné que je l'aurais espéré.*

***MAD*** : *C'était exaltant pour ne pas dire excitant – même si en fait, tout ce qui nous est arrivé me paraissait évident.*

***MON*** : *… Ce n'est pas bien et pourtant j'aime tant te toucher et j'aimerais recommencer en l'effleurant de ma langue la prochaine fois, si elle arrive un jour…*

***MAD*** : *C'est si étrange, mon corps vibre, en ce moment même intensément.*

***MON*** : *Moi aussi… C'est interdit et pourtant si bon.*

***MAD*** : *Je veux recommencer !*

***MON*** : *Misère, oui, de sacrées retrouvailles…*

***MAD*** : *Après une si longue absence…*

***MON*** : *C'est dingue, mais ça fait du bien !*

***MAD*** : *Merci pour cette soirée.*

***MON*** : *Merci de m'avoir invitée.*

Le cœur qui palpite
Comme s'il voulait sortir de ma poitrine.
L'estomac qui s'entrechoque
Comme un millier de pailles en queue qui tourbillonnent.
Les lèvres qui sautillent
Comme une timidité surprenante…
Une découverte commune
Qui nous accapare de cette dune
À deux flancs vertigineux
Et transpercent nos corps spongieux…

## Coquine assumée
## Partie II
## Snap assuré

***MON*** *: Putain, elle s'était calmée !*

***MAD*** *: De qui ?*

***MON*** *: De quoi plutôt ? Ma queue.*

***MAD*** *: Désolée...*

***MON*** *: J'ai envie de te faire du sale actuellement. Juste pour ça.*

***MAD*** *: Pas d'excuses donc pour avoir fait rebondir ton piquet, on dira que c'était pour marquer le coup. J'avoue que je ne la pensais pas si réactive...*

***MON*** *: Elle l'est toujours, surtout quand tu m'envoies ton corps sur le net.*

***MAD*** *: À la plage aussi, elle rebondissait ?*

***MON*** *: Pourquoi dis-tu ça ?*

***MAD*** *: Ai-je bien fait de partir en première dans l'eau ?*

***MON*** *: Tu l'as fait exprès ?*

***MAD*** *: À ton avis, petit coquin ?*

***MON*** *: Bordel, t'es trop sexy de dos, j'ai dû taper un sprint dans l'eau à cause de ce cul que t'as !*

***MAD*** *: Alors, mission réussie !*

***MON*** *: Je te baiserais comme tu en as envie juste avec ça. Pour ton petit plaisir, pour te rendre ce que t'as offert à mes yeux. Bon, je vais pioncer, je n'en peux plus, crevée et en bas, faut qu'elle se repose pour qu'elle soit d'attaque !*

***MAD*** *: Bonne nuit camarade et bon courage !*

Avoir la sensation de danser avec les remous de l'eau,
Alors que je suis de retour sur terre.
Entendre encore les brouhahas des enfants sur cette plage pratiquement déserte
Et sentir sur ma peau
La mer.

L'été entame son deuxième mois,
Le soleil tape sur ma tête
Mais je ne ressens ni la chaleur écrasante ; ni le sel sur ma chair ;
Juste la sensation de flotter alors que je suis hors de l'eau.

Les mains collantes,
Les démangeaisons des puces maritimes,
Les cheveux secs,
Un bracelet de tissus qui s'use,
Les pieds humides,
Le maillot essoré,
Une bouteille coulante,
Un masque échoué et un tuba baveux,
Une serviette salie et un short chiffonné,
Une paire de tongs abîmée et un visage qui se plaint
Parce que l'été touche bientôt à sa fin.

Aujourd'hui,
Je me réveille dans un lit qui n'est pas le mien, avec un parfum d'homme qui me rappelle étrangement le *Night Dive* de Davidoff…

— *Ma démone s'est réveillée ?*
— *Il semblerait que oui.*

## Impulsivité

J'ai envie de te plaquer contre un mur et de t'embrasser.
Désir charnel à son maximum ce soir.
Arrête de te plaindre de ta rage désintéressée
Et viens plutôt empoigner mes accessoires
D'un coup sec et ravagé.
Comme si c'était la dernière fois
Que tu me touchais.

## Photographie intime

Effet *BUTTERFLY*,
Sensations décuplées…

*Veux-tu être ma muse ?*

WarEnd, *Muse*

En costume *NUDE*,
Tu m'as ensorcelée.
Accessoires *SYMBOLICS*,
En métal forgé.
Couché sur ton lit à baldaquin,
*YOUR BACK* adossé au mur,
Tu te dévoiles au regard envoûtant,
Sans plus aucune honte.

Ta structure dûment exercée,
Qui laisse apparaître une musculature déchirée.
Nuancé comme les touches d'un piano,
Ton corps forme la mélodie : *« Do Ré Mi Fa Sol La Si Do »*

Engrenage palpitant face à la vue aussi macho
De ce *BODY NO SHAME*,
J'exécute une pression crescendo,
De ma rose sans hymen.

Je frissonne quand j'aperçois le monstre
Que tu tentes de me dissimuler,
Cette chair en piquet qui luit grâce à ton *FLASH*,
Tenue droite par ta main fermement.
Dévergondée, je souris dans mon coin,
Du regard assuré
D'une poète en sursis qui tente d'écrire
Sur le corps masculin.

Mon organisme jouit intensément
Dans le firmament de cette illusion.
Embourbée par ce fantasme étincelant,
J'y accorde toutes mes intentions.

## Contradictions

Je suis sentimentale. Trop.

— *Que puis-je dire sur toi ?*

Un coup de cœur dont je ne peux me détacher,
Une attirance que je ne sais pas contrôler.
C'est une figure de pensée.
Je nuance, atténue, rétracte mes dires passés.
Épanorthose sentimentale.
Je ne saisis plus l'importance de l'amour,
Me perds au bout de mon monde,
Tire mes traits singuliers de mon visage creusé.
Gouttes de pluie aux creux de mes yeux.
Près de lui, près des ondes.
Contradictions amoureuses.
Bonne personne avec qui je m'entends étonnamment bien.
J'aimerais m'embellir mais c'est toi qui l'as fait,
Comme un ami ou comme un amant,
C'est la même chose à mes yeux, malheureusement.

## Éros et clashs

Mouvement de gauche à droite,
On se balance ensemble dans ce précipice.
Jeu dangereux dont on ne connaît pas les règles…

Comme Kuzco sur une liane échappe aux fauves,
Je m'élance sans crainte dans ses bras.
Je m'aventure dans ce tunnel
Dont le vent s'engouffre dedans,
Et jusque-là, mon petit cœur imbécile
Se protège encore de ses griffes acérées.
Mais jusqu'à quand ?

Devrais-je laisser mes doigts se faufiler
Sur sa chair esquissée ?
Une méduse m'a-t-elle à mon tour piquée ?
Je me garde le bénéfice du doute…

Mais pour un second match en rediffusion,
On commence à s'enivrer à deux
Quand le rat grimpe dans le chapeau du chef
Et dirige ses mouvements…

Alors là, je fais fort !
Moi qui décide de mon destin,
J'avance tout droit dans la gueule
Du roi de la Savane,
Sans savoir si lui saura
Comment effriter mon cœur de pierre.
Ce morceau de calcaire
En forme de palpitations…

## Tir à sec
## (07/06/2023)

Balance-moi tes airs pathétiques,
Je te ferai la peau façon éthique,
Fais-moi tourner la tête en bourrique,
Je t'accrocherai au chandelier antipathique.

Musique techno à fond dans les tympans,
Tympans en sang,
Son de tambour qui ne s'entend
Pas question d'arrêter le temps !
Free Tibet détruit à coup de hachette,
Pas besoin d'appuyer sur la gâchette,
Il fait trembler le sol en galette,
J'préfère encore dormir sur palette
Si tu ne me veux plus en emplette !

Baiser sur l'billard comme à l'ancienne,
Juste une nuit sans rengaine.
J'veux que t'enlèves ma gaine
Sans arracher les bas à l'américaine,
J'veux que tu remues mon boule comme une Africaine
Et que tu m'enchaînes tes coups de reins comme le capitaine
Crochet sur mes seins qui s'déchainent
Un coup d'essai pour la Nouvelle-Aquitaine,
Les boules dans les six trous de porcelaine,

Tes boules sur mes fesses souveraines.
Ami et ennemi dans la même pièce,
Pièce de monnaie
Dans la fontaine.
L'un fait trempette
L'autre jalouse et haine partagée.

Délire décadent,
Danse dérapant,
Torse nu
Fait pas cocu.

Papillon fait lumière,
Meurt au matin
De son incandescence.
Mur sans teint ;
Caféine familière.

Hâtif et délicat,
Attirant et poétique,
Descente aux enfers assurée,
Éden corsé et puissant,
Sécurisant !

Que l'enfer m'apporte de la chair,
Pour appâter le plus grand des colosses.
Celui qui depuis des nuits m'a rendue reine.
Sans lui pas besoin d'un gosse
Pour résister à la décadence ;
Je prends tout de lui et de ses danses
Ridicules mais si princières.
C'est le *god* en enfer,
Démoniaque et séduisant.

Tu dis ne pas vouloir d'amour
Tu me pignes bien la gueule sans détour.
Rien que des beaux discours
Sans quoi me faire la cour
Ne vaut même pas que j'me rembourre.
T'agis comme le roi de la basse-cour
Mais tu bouffes les restes comme un vautour
Avec ton charisme de troubadour
J'préfère encore tester le polyamour
Ta tête j'la préfère à contre-jour
Presque maintenant quand je te vois
J'fais demi-tour.

Mes mots peuvent paraître trash
Mais au moins moi je crache
Je mouille les draps
Comme on tire à la kalach
Et toi tu chiales
Dans les bras de ton faux Bengale.

J'ai pas envie de te classer
Dans un type de remplacement,
Pas déterminée à t'utiliser
Mais simplement
Pour son discours haineux
Sur ces dires dégueux :
« Hommes et femmes
Qui s'enjaillent
Doivent forcément baiser »

…
Désolée Cerbère ou Hadès,
Rien que pour ça :
Ce faciès
Sérieux et présomptueux…
…
J'ai envie de t'embrasser,
Me faire plaquer
Contre un mur
Et juste kiffer.
En noir et blanc,
Finir nue !
Sincèrement,
Ton dos m'inspire les pires péchés,
Même Belzébuth
N'y aurait pas pensé.

Que d'Artagnan se tienne à ses rênes
Mes seins écrasés dans tes mains,
Je veux qu'il rage de tous ces soirs
Où j'aurais dû crier.
Arracher ses tympans
De mon plaisir sans merci.
Qu'il reste debout et silencieux,
La seule douleur qu'il ressentira,
C'est des brûlures de tapis
Quand il ramassera ses mouchoirs
Dégoulinant de solitude.

## Réalité

*— Je t'aime, je t'aime un peu trop toi...*

*— Si ce que je t'avais dit dans la voiture était vrai, que ce serait-il passé ? Ça aurait-il été dérangeant ?*

*— Non, évidemment que non. Mais pour l'instant, je ne pourrais te dire la même chose.*

Vois-tu, j'ai trop donné durant quatre ans de ces « Je t'aime » alors qu'aujourd'hui, ces mots n'ont plus aucun sens pour moi. Trop de « Je t'aime » pour qu'en retour, je n'aie le droit qu'à des questionnements du style : « as-tu fait une bêtise ? Pourquoi autant d'amour ? », à des critiques : « t'es chiante à être comme ça » ou à de la méprise...

Tu as été une rencontre merveilleuse qui m'as permis et me permet enfin aujourd'hui de me sentir... LIBRE.

C'est bien le Premier de l'an deux mille vingt-trois que j'ai pu enfin comprendre que quatre ans étaient bien assez, que je ne pouvais plus me permettre ces chaînes à mes pieds et qu'il me fallait accepter ces frissons dans la nuque que tu me faisais pour rompre un lien qui n'avait plus d'amour.

Aujourd'hui, la rupture est faite. J'avance et fonctionne méthodiquement.

Sans émotion, sans cœur palpitant, sans sentiment et sans attache.

Mon cœur redevient cet organe qui me permet de tenir debout, mais il est fait de pierre et ne donne plus rien à personne.

Quand j'aime une personne, je me donne entièrement à celle-ci. Je consacre toute mon énergie, physique et mentale, à la rendre heureuse. Je donne aussi tout l'amour que j'ai en moi. Et là, en cette nuit pluvieuse et tempête hurlante, je suis complètement vidée. Je suis épuisée et je suis vide d'amour. Il me faudra du temps si tu me l'accordes.

C'est la réalité. L'amour n'est pas éternellement renouvelable. Parfois, on en est à court et on ne peut que se laisser flotter, le temps d'en recevoir naturellement à nouveau.

## Au mérite, tu y goûteras

*Qu'est-ce que tu fais ?*
*T'attends une bise ?*

Alors qu'hier soir,
Pas un bonjour, pas un au revoir.
Une imitation cruelle d'un mur sans teint…

*Et tu veux une bise ?*

Je suis ta cliente.
Fidèle au poste pour dégainer la monnaie.
Je ne suis pas ta galante,
Seulement une proie facile à shooter.

T'as toujours été le chasseur
Qui célébrait son dû,
Comme un gorille imposant sa grandeur
Et tu m'as eue.

T'as tiré en plein cœur
Pour me jeter sur le bas-côté
D'une route inondée
D'un tas de rancœur,
Tu as fini par tirer.

Victime d'un coup du sort
Aux douze coups de minuit.
Tu as mis ma tête à mort
Me laissant seule dans la nuit.

Et comme si ce n'était pas déjà assez coriace…
Rien d'autre que mélancolie en colère,
Tu me montres très fier,
Ton tableau de chasse.

Continuant tes prouesses de connard,
Remuant la queue devant le menu « dynamite »,
Tu me noies comme un canard
Au fond d'une marmite.

Mijotée au sommet des inertes colorées,
À bonne température,
Tu fais mine d'y retourner,
Poignant ma cuisse de mauvais augure.

Tout comme épouser une goutte,
Tu m'assures une certaine rengaine dissoute.

Tu te retournes d'un air agaçant
Et me termines comme un ignorant
Sous les regards indiscrets et abdiquant,
Je dis soudainement adieu, à ton rire grandiloquent.

*Oh lendemain !*

*De quoi te souviens-tu ?*
*Eh un baiser ! eh un coup de reins !*
*Qui couche un homme repu*
*D'un dîner un peu trop malsain ?*

## Sacrifice indésirable

La routine,
Plan B !

Je compte tes posts sur ton fil,
Pour ne pas m'attrister.

Et ce matin,
Je pense à toi…

Mais je t'oublie
Parce que tu ne me mérites pas !

## Épanorthose

Dans la soirée,
Je pensais à toi.
Par ***par ci mo nie,***
Autour d'une tasse de café.

Entre deux gorgées,
Je t'ai vu, là, assis à quelques mètres de moi,
Et dans ton regard, je l'ai vu,
Cette étincelle comme la première fois
Que je t'ai apperçu ;
Tu espérais rencontrer ***l'amour de ta vie.***

J'aurais pu me lever,
Traverser la route qui nous sépare, te rejoindre
Me jeter dans tes bras, te tenir la main
Et ***t'embrasser*** comme autrefois.

Mais je t'ai ignoré.
J'ai détourné le regard
Dans l'intensité de mon café ;
Comme si mon horizon venait de se raccourcir,
Comme si par protection, j'y avais posé un voile
Pour éviter de ***me détruire***.

Je suis restée,
Posée,
Sur cette table cassée
Qui méritait un bout de papier sous un de ses pieds ;
Et c'est ***pour ne pas nous blesser***,
Que je garde en moi
Tous les souvenirs de toi.

Mon *cœur bancal*,
Comme cette table,
Émotions addictives
Classées aux archives,
De ***mes pensées imparfaites***.

***Je t'aime encore***
***Mais c'est compliqué.***
Alors je te laisse partir,
Comme une épanorthose
Autour d'un café
Et d'un cap à franchir…

## Bel inconnu de l'île de Ré
## Partie I

Je cherche le plaisir
Dans un regard farceur,
Un délicat coup de langue
Dans une pêche bien mûre,
Un jeu de mains
Dans l'escalade d'un mur,
Un parfum
Dans une balade sans lendemain,
De la chaleur
Dans ma brèche en sueur…

Je te cherche,
Cachottier,
Muet,
À la source de l'humanité,
En bord de mer,
De l'autre côté d'un pont,
Entre deux navires
Qui portent des canons.

Je veux être ton obus,
Celui qui effraie les autres demoiselles,
Qui gronde les passantes
Qui crieraient ton nom.

Sors les pieds de l’eau,
Surprends-moi par derrière mon dos,
Projette en moi un dédale d’informations,
Donne-moi de l’inspiration
À en gaver les papillons.

Où es-tu,
Bel inconnu ?

## Bel inconnu de l’île de Ré
## Partie II

Un soir en bord de mer,
Derrière une dune
Parsemée d’arbustes
Et de doux tas de terre,
Tu m’as montré ma destinée.

J’ai ton parfum qui ruisselle en moi,
Fruité et comme un Jean Paul Gaultier,
Il y est resté encore quelques fois
Des ondes délicates posées
Sur quelques mèches
Couleurs de flèches
Enflammées et brisées
Par tant de beauté dévoilée.

Où es-tu,
Bel inconnu ?

## Bel inconnu de l'île de Ré
## Partie III

Je te rends fou,
Me tenant debout
Devant toi,
Je te dicte ma loi.

Je t'ai trouvé,
Bel inconnu
De l'île de Ré.

## Costaud et robuste

Malin Adrien des abysses,
Lui tint un lys
Sanglante et meurtrière
Qui dansait entre ses doigts de fer.

Il l'a charmé comme un voleur,
Il a séduit son cœur.
Il fait battre ses ailes blanches
Comme un bel ange.

Tombé du ciel
Sur la terre, cet archange,
A appuyé sur la gâchette
Comme un effroyable serpent à sonnettes.

La Médusa échouée sur le virage
Vit au loin un marin et son attirail,
Marcher vers elle
Et la prendre sous son aile.

Malin Adrien des abysses,
Tenait ce lys
Ensanglantée et meurtrière
Qui dansait entre ses doigts de fer.

## Idéologie masculine

L'amour est un bordel,
On ne peut en avoir le cœur
Intact !

Tu ne respectes même pas
Ta chair et ton sang,
Alors comment peux-tu RESPECTER
L'autre ?
Et tu dis connaître et savoir
Qui je suis ?
Toi qui prônes le respect de la Femme,
Tu les rabaisses et les insultes
Quand elles se montrent fièrement
Libres !

La Femme est-elle donc pour toi
Celle qui était tatouée
Contre son gré,
Identifiée et humiliée
Simplement car elle se distinguait
De ses semblables
Qui prônaient l'amour vache
Et l'acceptation d'une seule et même race ?

Même si une personne comme toi
Est à ce point détestable,
Je n'arriverai point à te détester…
Voilà qui je suis « Moi et mon Mental »
Je m'exprime
Et je ne fuirai point
Face à une telle débilité !

# Remerciements

Je remercie tous mes proches de m'avoir apporté leur aide à leur échelle, selon leurs moyens respectifs, de m'avoir approché sans crainte et d'avoir intenté de comprendre cet esprit tordu qui m'identifiait et me définit encore malgré moi.

Je remercie aussi mes amis, de près ou de plus lointains pâturages qui m'ont lue, depuis le secondaire jusqu'à encore aujourd'hui, qui ont eux aussi essayé de me comprendre au-delà d'un discours un café à la main. Vous m'avez autant suggéré de bons conseils qui m'ont aidée à avancer sur ce chemin tumultueux de l'acceptation de soi, du lâcher prise et de la confiance en l'autre, certains ont tenté de briser la carapace qui m'empêchait de souffrir et y sont même parvenus et m'ont permis d'être plus forte et bien plus légère. Alors, Nora, Nolan, Candy, Jean, Armand et bien d'autres, je vous remercie du fond du cœur d'avoir été présents et de l'être aujourd'hui encore, subtils et délicats, amoureux du respect et de ces *« moi, tu sais, je ne me prends pas la tête, alors si jamais tu as besoin d'une écoute attentive, je suis là, n'hésite pas ! »*.

Je remercie ma mère, Corinne, artiste née, foule d'amour qui piétine les mauvaises ondes, baisant sur leur front un discours de joie à en pâlir le diable. Tu m'as tant apporté, toi qui fus mon berceau, maman, continues donc d'être ma sainte mère, celle qui ne faillit jamais devant la crainte et le jugement, celle qui n'en juge pas un seul, qui agit selon ses dires et qui avance selon ses rêves. Tu es ma source de courage face à cette société malade.

Je remercie mon père, Pierric, toujours aux aguets pour protéger sa fille du moindre danger. Parfois, tu m'as été absent et souvent, cela a créé en moi une source d'inspiration assez sombre et douloureuse, mais grâce à toi, tu m'as aussi apporté des indices sur ce qu'est réellement ce monde : il est impétueux, souffrant et en manque d'amour. Tu m'as aidé à bien savoir marcher, courir et parfois chuter : tu as pansé mes blessures du corps et t'es imprégné de mes blessures du cœur pour que ta fille, grandissante et un peu fragile, puisse continuer de respirer, des pansements sur son enveloppe toute cabossée.

J'embrasse de loin ma famille, les plus proches, comme les plus loin, ceux qui m'ont vu grandir et ceux qui me découvrent encore. J'attends de bons retours de Lorio, Léna, Youric et Audrey que j'ai découvertes il y a peu et qui m'ont apporté le soleil de l'âme, une source irremplaçable de chaleur et de bon cœur palpitant au gré des sentiments. Le respect est votre marque de fabrique, suivi d'un *nous sommes là*, c'est tant de bonheur gratuit qui ne manque même pas d'une embrassade groupée.

Et pour finir, je remercie mon professeur de philosophie de terminale, M. Bernier, qui a su, malgré son travail au lycée, accepter de me lire et de m'indiquer un retour exemplaire sur mes textes. Vous m'avez tant donné la motivation de continuer à écrire, grâce notamment à tous ces bons conseils lors de cet entretien dans la salle des cartes. Je me souviendrai toujours de ce moment où vous n'avez pas hésité à me dire que j'ai du talent et qu'il serait plutôt intelligent pour moi de ne pas faillir et de toujours me battre pour mériter ce que je désire. Merci infiniment pour ce temps consacré à ma personne. Je peux rajouter que vos cours de philosophie étaient bien sûrement les seuls que je dépêchais de suivre, et même si ma compréhension de certains chapitres n'était pas au rendez-vous, vous, monsieur, vous parcouriez les allées de la classe pour secourir mon esprit et me faire assimiler le cours. Vous êtes un très bon professeur et à mon tour, je vous encourage à toujours suivre vos rêves. L'âge ne fait la sagesse d'un homme, l'esprit, toujours en quête de savoir, l'est !

# Table des matières


**Partie I : Atmosphères** **17**
31200 Toulouse 19
Lundi 28 février 2022 – À midi trente-huit 20
Pavés du Sud – Collioure 2022 21
La Rochelle 22
Le poids du Roy 24
Inspiration du soir 26
Le Rock'nflip 28
**Partie II : Hommages** **29**
𝕍𝔸 De la présence à l'absence… 30
La vierge 31
Ma maman chérie 32
Le bain 33
Expérience 34
Innocence 35
ID 36
Les femmes 38
Bonjour mon corps 40
Essence 42
Gilles 44
Crépuscule 45
Protection divine 47
Déguster 48
La mort 50
𝔸𝕍 Éloge du cœur 52
Masculin sentimental 53

Meadow 54
Muse 56
Intensité pure 57
Remake 58
𝕍𝔸 Pensées achevées 59
Lix 60
Question rhétorique 64
Déclaration 65
Poufs de passage 66
Racontar 67
Gigolo 69
Racoleur 70
Putain noyée 71
**Partie III : Tourments 73**
𝕎 Je perce ton cœur de mon regard – Déchirure interne… 74
Absence 75
Doutes 78
Début de la fin 80
Trauma 83
Assumer 85
Empreinte 86
Le cœur en coton imbibé par la mélancolie 87
Abîmes 89
𝔸 Continue de me chasser – Racontar de la nuit 90
Simplicité 91
Cauchemar 92
Pensées obscures 93
Maladie psychique 95
Éparpillée 96
Obscure clarté 97
Insomniaque 98
Poumons mourants 99
Essoufflée 101
𝔸 J'écoute dans l'ombre tes petits mensonges. 102
Innocence fracturée 103

Didactique 104
L'étrangeté 106
Ronde 107
Sang-froid 108
Pompéi dans l'crâne 109
**Partie IV : Puissance** **111**
⋀ La tension 112
Béotienne 113
Christophe/Yuri 115
Goût de chocolat 116
Médusa 117
Tatouage 120
Idéalisation amoureuse 122
⋀ Électrique 125
Chimiquement compatible 126
Printemps – été 127
Confession 128
Fuis-moi, je te suis 129
Savoureuse 130
Désirée 131
Sensuel 132
⋀⋁ Entre eux 133
L'organe charnel 134
Coït 136
Frustration 137
De deux heures à cinq heures et demie (du matin) 139
⋁ Et moi 140
⋁⋀W⋀ 141
Rêve 143
Ambiance bleue 144
Souvenir d'un été 145
Coquine assumée – Partie I – Vingt ans d'absence 146
Coquine assumée – Partie II – Snap assuré 148
Impulsivité 150
Photographie intime 151

Contradictions 153
Éros et clashs 154
Tir à sec (07/06/2023) 156
Réalité 160
Au mérite, tu y goûteras 162
Sacrifice indésirable 164
Épanorthose 165
Bel inconnu de l’île de Ré – Partie I 167
Bel inconnu de l’île de Ré –Partie II 169
Bel inconnu de l’île de Ré – Partie III 170
Costaud et robuste 171
Idéologie masculine 172
△VΛWΛ 174

Imprimé en Allemagne
Achevé d'imprimer en novembre 2023
Dépôt légal : novembre 2023

Pour

Le Lys Bleu Éditions
40, rue du Louvre
75001 Paris

www.ingramcontent.com/pod-product-compliance
Lightning Source LLC
Chambersburg PA
CBHW062342010826
49168CB00024B/230

* 9 7 9 1 0 4 2 2 1 3 9 1 6 *